작고 아름다운 니체의 철학수업

지연리 글·그림

서양화와 조형 미술을 공부했습니다. 〈꾸뻬 씨의 행복 여행〉을 시작으로 〈북극 허풍담〉 등 다수의 서적을 우리말로 옮겼으며 〈유리 갑옷〉〈작은 것들을 위한 시: BTS 노래산문〉 외 여러 도서에 그림을 그렸습니다. 저서로 〈자루 속 세상〉〈걱정 많은 새〉〈자기가 누구인지 모르는 코끼리 이야기〉〈파란심장〉〈라무에게 물어봐 - 본다는것에 대하여〉가 있습니다. 2004년 정헌 메세나 청년 작가상, 2020년 눈높이 아동문학대전 그림책 대상을 수상했습니다.

작고 아름다운 니체의 철학수업

지연리 글·그림

1판 1쇄 발행 2023년 8월 31일 | 1판 3쇄 발행 2024년 5월 31일

펴낸이 정중모 | 펴낸곳 열림원어린이 | 등록 1988년 1월 21일(제406-2000-000202호)
편집장 서경진 | 편집 정혜연, 김보라 | 디자인 권순영
마케팅 김선규 | 홍보 최은서, 고다희 | 온라인사업 서명희
제작 윤준수 | 관리 고은정, 구지영, 홍수진
주소 경기도 파주시 회동길 152
전화 031-955-0700 | 팩스 031-955-0661 | 홈페이지 www.yolimwon.com
전자우편 bbchild@yolimwon.com
ISBN 978-89-6155-355-1 72810

© 지연리 2023

*저자와의 협의로 인지를 생략합니다.
*저작자와 출판사의 허락 없이 이 책의 일부 또는 전체를 인용하거나 발췌하는 것을 금합니다.

어린이제품안전특별법에 의한 제품 표시
제조자명 파랑새 | 제조년월 2024년 5월 | 제조국 대한민국 | 사용연령 8세 이상

작고 아름다운 니체의 철학수업

지연리 글·그림

열림원어린이

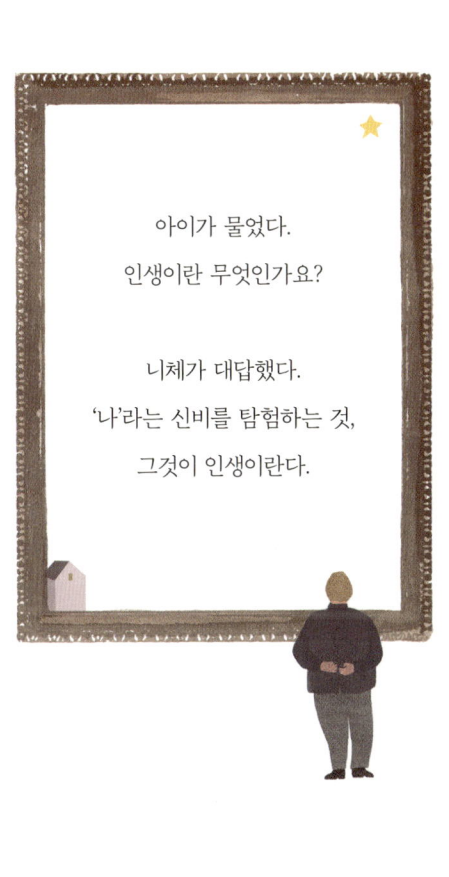

아이가 물었다.
인생이란 무엇인가요?

니체가 대답했다.
'나'라는 신비를 탐험하는 것,
그것이 인생이란다.

차례

서문 8
프롤로그 12

나 자신이라는 꽃 ▸Day1~Day20.　14
마음의 꽃 ▸Day21~Day39.　56

관계의 꽃 ▸Day40~Day54. 96
삶이라는 꽃 ▸Day55~Day79. 128
꽃 피는 아름다움 ▸Day80~Day100. 180

에필로그 224

서문

그 많던 질문은 지금 모두 어디에 있을까?

니체의 정원에는 천 송이의 꽃이 있었어.

삶의 모퉁이마다 그가 해 왔던 질문의 꽃이자 대답의 꽃이었지. 바람이 불면 꽃들은 춤추며 노래했고, 니체는 그 꽃들을 돌보며 오랜 시간을 보냈어.

유리창을 두드리던 바람이 새들의 노래로 바뀐 어느 햇살 좋은 날이었어. 니체는 정원으로 나갔어.

바닥에는 딱정벌레 한 마리가 겨우내 얼었다가 녹아서 부드러워진 흙에 얼굴을 비비고 있었어.

　니체가 딱정벌레에게 말했어.

　"행복해 보이는구나. 이제 봄이 되었어."

　딱정벌레가 대답했어.

　"맞아요, 니체 할아버지. 정원의 문을 열 때가 왔어요."

　니체는 딱정벌레에게 비스킷을 먹이고 집 안으로 들어가 책상 앞에 앉았어.

그러곤 백 명의 아이들에게 보낼 초대장을 쓰기 시작했어.

나의 작은 영웅들에게,

안녕, 얘들아!
모두 어떻게 지내는지 궁금하구나.
밤새 베개 위 생각의 요정들과 어떤 대화를 나누었는지,
무지개를 따라 얼마나 멀리 가보았는지,
너희들의 모든 게 궁금해.
그래서 작은 모임을 준비하게 되었단다.
모임의 이름은 '니체와 함께 떠나는 질문 여행'이야.
너희들이 이곳에 도착하는 날을 손꼽아 기다리고
있으마.
먼 길, 조심해서 오거라.

                              -피어나는 봄에, 정원에서
                                  프리드리히 니체가.

프롤로그

백 명의 아이들이 길을 떠났어.
각자 가방 속에 한 가지 질문을 담고서.
아이들이 니체의 정원으로 향한 이유는 각기 달랐어. 여정 또한 같지 않았지.

누군가는 강을 따라 걸어야 했고, 바다를 건넌 아이도 있었으며, 산을 넘기도 했어.

모두가 니체의 정원에 도착했을 때는 새벽의 푸른빛이 채 가시지 않은 시간이었어.

니체는 아이들에게 문을 열어 주고 따뜻한 수프와 빵을 대접했어. 아이들은 재잘거리며 수프에 빵을 적셔 먹었어.

식사가 끝나고, 니체는 아이들을 응접실로 안내했어. 아이들은 자리에 앉아 메고 온 가방을 풀었어. 가방 안에는 궁금했으나 아무도 대답해 주지 않던, 혹은 누구에게도 묻지 못한 질문이 들어 있었지.

아직 열리지 않은 세상의 문을 열어 새로운 미래를 만들어 갈 중요한 질문이었어.

나 자신이라는 꽃

니체는 차례로 아이들을 둘러보았어.
그러고는 다정한 목소리로 말했어.

"모든 질문은 '나'로부터 출발하고 '나'에게로 돌아온 단다. 너희들을 이곳으로 이끈 이도 다른 누군가가 아 닌 바로 너희 자신들이지. 따라서 우리의 대화는 '나'로 시작될 거야. '나'라는 사람에 관해 궁금한 게 있다면 어떤 질문이든 좋으니 해 보렴."

Day1. 나 자신에 대하여

첫 번째 아이가 물었어.
"할아버지, 저는 내가 누구인지 모르겠어요. 어떻게 하면 알 수 있지요?"

니체가 대답했어.

"자신이 어떤 사람인지 알려면 이제껏 무엇을 좋아해 왔는지를 생각해 보면 돼. 어떨 때 기뻤고, 무엇에 가슴이 뛰었는지, 무엇에 열중하게 되고, 언제 웃었는지를 생각해 보면 답이 명확해져. 해바라기가 왜 그런 이름을 갖게 되었겠니? 그만큼 해를 좋아하기 때문이란다."

Day2. 깊이에 대하여

곧이어 두 번째 질문이 이어졌어.
"그런데 할아버지, 왜 그런 걸 생각해야 해요? 그냥 아무 생각도 안 하면 안 돼요?"

니체가 대답했어.

"물속에 뛰어들어 보지 않고는 바닷속이 어떤지 알 수 없어. 세상 일도 그래. 나를 알아야 내가 사는 세상에 대한 이해가 깊어진단다. 깊이 생각해 보지 않고서는 아무것도 알 수 없지."

Day3. 자신감에 대하여

"세상을 이해한다고요?
그렇게 어려운 걸 지금 저보고
하라고요?"
　세 번째 아이가 놀란 눈으로 물었어.

니체가 대답했어.

"네가 아기였을 때를 상상해 봐. 그때 넌 서고 걷는 법을 몰랐어. 하지만 곧 두 다리로 서고 걸을 수 있게 되었지. 게다가 지금은 물구나무서기도 할 수 있어. 그런데 세상을 이해하지 못할 이유가 뭐지?"

Day4. 가치 있음에 대하여

"할아버지, 나한테도 어려워요. 저는 공부도 못 하고, 달리기도 못 하고, 할 줄 아는 게 없거든요. 그래서 엄마 아빠는 저만 보면 한숨을 쉬세요!"

네 번째 아이가 말했어.

니체가 대답했어.

"사람은 누구나 꼭 한 가지씩 타고난 능력을 가졌단다. 아직 발견하지 못했더라도 꾸준히 찾다 보면 언젠가는 자신만이 가진 그 한 가지 능력을 반드시 깨닫게 돼. 물고기를 봐! 물고기는 날지도 걷지도 못하지만 헤엄만은 어떤 동물보다 잘 치잖니!"

니체의 말에 두 아이는 자신감을 가져 보기로 했어.

Day5. 단점에 대하여

다섯 번째 질문이 시작되었어.

질문한 아이는 얼굴에 주근깨가 가득했어. 도수 높은 안경도 쓰고 있었지.

"니체 할아버지, 저는 공부를 잘해요. 하지만 단점이 너무 많아요. 어떻게 하면 단점 없는 사람이 될 수 있을까요?"

니체가 대답했어.

"이 세상에 단점 없는 사람은 없어. 그런데도 많은 사람이 자신의 단점이나 약점을 싫어하고 스스로를 무시해. 단점은 사람의 좋은 스승이야. 내가 무엇을 이겨 내야 하는지, 어떤 점을 고쳐야 하는지, 장점은 무엇인지, 어떤 개성을 가졌는지 알려 주는 스승말이야."

Day6. 불만에 대하여

 "할아버지, 저는 저한테 자주 실망을 해요. 그게 너무 싫어요."
 여섯 번째 아이가 말했어.

니체가 대답했어.

"인간은 극복되어야 할 존재야. 알을 깨고 나오는 새와 같지. 새가 만약 알 속 자신에게 만족했다면 스스로 알을 깨고 나와 하늘을 날지는 못했을 테니까. 그런 의미에서 자신에 대한 불만은 환영받을 만한 것이야. 스스로에게 불만이 전혀 없거나 자기 때문에 괴로워할 줄 모르는 사람은 더 큰 나를 찾아 멀리 여행을 떠나지 않을 테니까."

"더 큰 나요? 그런 나도 있나요? 어디요?"

"더 큰 나는 자기 안에 있어. 하지만 저절로 얻어지지 않아. 우린 그걸 초인, 참된 자아, 진정한 나 등 여러 이름으로 부른단다."

Day7. 자기애에 대하여

일곱 번째 질문이 이어졌어.
"니체 할아버지, 나는 가끔 내가 미워요. 나를 사랑하기가 어려워요."

니체가 아이에게 다시 물었어.

"사랑이 뭐라고 생각하니?"

"그건 잘 모르겠어요."

아이의 대답에 니체가 대답했어.

"사랑은 사람 안에 있는 아름다운 마음을 발견하는 거야. 그리고 계속해서 그 마음을 응원해 주는 거지. 그런 것이 네게도 있니? 네가 스스로 아름답다고 말해 줄 수 있는 그런 마음? 그걸 찾아보렴. 그럼 오늘 한 네 질문의 답을 발견할 수 있을 거야."

'내가 나에게 아름답다고 말해 줄 수 있는 마음이라니?'

아이들은 처음 해 보는 물음에 천장을 올려다보며 눈동자를 굴렸어.

Day8. 승리에 대하여

 째깍째깍, 5분 정도 지났을까? 다른 한 아이가 손을 들었어.
 "할아버지, 꼭 이기고 싶은 친구가 있어요. 어떻게 하면 그 친구를 이길 수 있을까요?"

니체가 대답했어.

"승리란 우연히 주어지지 않아. 물론 운 좋게 어쩌다 한 번은 이길 수 있겠지. 하지만 그건 진정한 승리라고 할 수 없어. 그래서 승리한 사람들은 우연을 믿지 않아. 친구와의 경쟁이든, 자기 자신과의 싸움이든, 혹은 운명과의 대결이든 노력 없이는 이길 수 없다는 것을 알거든."

Day9. 한계에 대하여

"노력해도 지면요? 저도 이기고 싶은 친구가 있어요. 시험을 보면 우리 반에서 늘 1등을 하는 친구죠. 저는 그 친구 때문에 맨날 2등이에요. 아무리 노력해도 안 돼요."

아홉 번째 아이가 물었어.

니체가 대답했어.

"진정한 승자란 뭘까? 자신의 한계를 뛰어넘는 사람이 아닐까? 너의 노력이 네 한계를 뛰어넘었다면 2등을 했더라도 사실은 이긴 게 아닐까? 진짜 어려운 건 1등을 하는 게 아니라 자신의 능력을 믿고 최선을 다하는 거니까. 사실 우린 스스로의 한계를 알지 못해. 자기 자신을 이겨 보지 않고는 절대 알 수 없거든."

Day10. 인내심에 대하여

니체의 말에 아이들은 고개를 끄덕였어.
잠시 후 열 번째 질문이 이어졌지.
"니체 할아버지, 저는 인내심이 부족하다고 자주 혼이 나요. 우리 집 강아지 만두도 '기다려!' 하면 기다릴 줄 아는데 저는 그렇지 못하다고요. 저는 왜 이럴까요?"

니체가 대답했어.

"난 네가 그 이유를 안다고 생각해. 다만 너를 초조하게 만드는 문제에 대답을 찾지 못한 것뿐이지. 그래서 내가 할 수 있는 일은 참을성이 필요한 순간에 떠올리면 좋은 것을 알려 주는 정도란다. 어렵지도 않아. 나무처럼 해 보는 거니까. 나무는 태풍이 불어도 놀라지 않고, 초조해하거나 서두르지 않아. 그저 자기 자리에 서서 묵묵히 견딜 뿐이지."

Day11. 성격에 대하여

"저는 성격이 소심하다는 말을 자주 들어요. 저도 그런 것 같긴 한데요. 가끔은 또 굉장히 대범할 때도 있어요. 왜 그럴까요?"

열한 번째 아이가 물었어.

니체가 대답했어.

"사람은 저마다의 성격이 있어. 이 고유한 특성을 두고 대다수는 시간이 흘러도 변하지 않는다고 생각해. 하지만 아니야. 성격은 수면에 비친 풍경 같아서 날씨와 주변 환경에 따라 달라지거든. 그날그날 누구를 만나는가, 어떤 기회와 마주치는가에 따라 들쭉날쭉 변하니까. 상대가 나를 비추는 거울인 셈이지. 너도 그런 거야. 조금도 이상하지 않아."

Day12. 확신에 대하여

열두 번째 아이가 질문했어.

"할아버지, 저는 며칠 전에 부모님께 야단을 맞았어요. 동생이랑 싸웠다고요. 동생이 먼저 잘못한 건데, 왜 제가 혼나야 하지요? 아무리 생각해도 억울해요."

"때로는 거짓말보다 확신이 더 위험할 수 있어. 허물을 벗지 못하는 뱀은 죽고 말듯, 어떤 생각이 늘 옳지만은 않단다. 절대적 진리가 없듯, 지금 확신하고 걷는 이 길이, 내일이면 돌아 나와야 할 길이 될 수 있거든."

"하지만 동생이 먼저 나한테 시비를 걸었어요!"

니체의 말에 아이가 반박했어.

니체는 다정하지만 단호한 어투로 아이에게 대답했어.

"그렇더라도 동생과 싸우는 대신 다른 선택을 할 수 있겠지. 예를 들면 동생이 왜 시비를 걸었는지 생각해 보는 것."

Day13. 변명에 대하여

 열두 번째 아이 옆에 앉은 친구가 고개를 갸웃거리며 말했지.
"할아버지, 저도 며칠 전에 부모님께 꾸중을 들었어요. 잘못하고 나서 반성은커녕 변명이나 한다고요. 그래서 기분이 너무 안 좋아요."

 니체가 대답했어.
"그랬구나. 부모님께 이해받지 못해서 마음이 상했겠어. 그런데 혹시

이 이야기 아니? 이솝 우화에 나오는 여우 이야기?"

"아니요."

"그렇다면 들어 보렴. 옛날에 여우 한 마리가 있었어. 길을 가다가 탐스러운 포도를 발견했지. 하지만 너무 높은 가지에 달려 있어서 따 먹을 수가 없었어. 포도를 얻는 데 실패한 거야. 그런데도 여우는 자신의 실패를 인정하지 않고 '저 포도는 어차피 시어서 못 먹을 거야.'라고 말했어. 이렇게 변명은 사람을 비굴하게 만들어. 그리고 교활하게 해. 인간의 경우, 다른 사람보다 더 많은 포도를 차지하고도 포도가 너무 시어서 하나도 먹지 못했다고 거짓말하게 하거든. 이건 내 생각인데, 어쩌면 부모님은 네가 그런 사람이 될까 봐 걱정되셨는지도 몰라."

Day14. 자기 자신의 주인에 대하여

오래지 않아 열네 번째 질문이 나왔어.

"저희 부모님은 두 분 다 의사세요. 그래서 저도 의사가 되길 바라시죠. 부모님의 뜻에 따라 저도 의사가 되어야 할까요?"

니체가 대답했어.

"너의 주인은 너 자신이야. 네 세상의 주인도 너지. 벌이 자기 세상의 주인인 것처럼 말이야. 오직 너만이 너에게 무언가 시킬 수 있단다. 또 너만이 네 세상을 창조하고 이끌 수 있어. 이 사실을 잊지 않으면 좋겠구나. 잊는다면 이 세상에 단 하나뿐인 네 주인이 누구인지를 외면하게 될 테니까."

Day15. 상실에 대하여

 "저는 우리 가족에게 힘이 될 말이 있는지 여쭙고 싶어요. 작년에 아버지가 하시던 사업이 잘 안돼서 어려워졌거든요."
 열다섯 번째 아이가 물었어.

니체가 대답했어.

"모두에게 힘든 시간이었겠구나. 가족에게 이 말을 전해 주면 좋겠다. 많은 것을 잃어도 자기 자신을 잃지 않으면 전부 잃은 건 아니라는 사실을. 왜냐하면 우리가 가졌다고 여기는 모든 것은 '나'라는 토양에서 나온 수확물에 불과하거든. 나라는 이 비옥한 경작지가 있는 한, 우리가 일구어 얻지 못할 열매는 없어."

Day16. 풍요에 대하여

"니체 할아버지, 저는 특별히 잘하는 게 없어요. 이런 저도 뭔가 이룰 수 있을까요?"

열여섯 번째 질문이 이어졌어.

"우리는 무엇이든 될 수 있고, 무엇이든 할 수 있어. 하지만 안타깝게도 많은 이들이 넘치도록 풍요로운 자신을 깨닫지 못하고 살아가지. 허풍이 아니야. 말 그대로 자신이 원하는 바를 이룬 사람들은 그 말이 진실임을 알아. 그러니까 우린 스스로가 얼마나 풍요로운 존재인지를 깨달아야 해. 그리고 풍요로움이 이끄는 대로 충실히 움직여야 해. 너도 그래. 그것을 잊지 마."

니체가 대답했어.

Day17. 현재의 나에 대하여

"저도 그럴까요? 저는 멋진 사람이 되고 싶어요. 지금은 멋지지 않지만요."
열일곱 번째 아이가 물었어.

니체가 대답했어.

"처음부터 멋진 사람은 없어. 누구나 어제와 오늘의 내가 다르니까. '나'라는 사람은 일상의 행동 하나하나에 따라 달라지거든. 오늘 내가 한 행동은 마음, 인간성, 몸까지 변화시켜. 오늘의 내가 어제의 결과이고, 내일의 나는 지금부터 하는 모든 행동의 결과이지. 그러니 누구든 어제보다 나은 내가 될 수 있는 거야."

Day18. 자기 안의 영웅에 대하여

곧이어 열여덟 번째 질문이 나왔어.
"저는 아이언맨 같은 영웅이 되고 싶어요. 그럴 수 있을까요?"

아이의 말에 니체가 웃으며 대답했어.

"아이언맨은 아니더라도 우린 누구나 영웅이 될 수 있어. 모두의 안에는 저마다 고귀한 영웅이 살고 있거든. 우리가 할 일은 자기 안의 영웅을 깨워 그와 함께 희망이라는 봉우리를 향해 나아가는 것이야. 그곳이 곧 자신이 떠나온 곳이며 돌아갈 곳이니까."

Day19. 지금 해야 할 일에 대하여

"니체 할아버지, 저는 뭐든 최고로 잘하고 싶어요. 누가 나보다 잘하는 게 있으면 기분이 나쁘거든요. 그래서 여러 학원에 다녀요. 그런데 가끔은 친구들과 계속해서 놀고만 싶다는 생각이 들어요. 제가 게을러진 걸까요?"

열아홉 번째 아이가 물었어.

니체가 대답했지.

"꼭 그렇지만은 않아. 예를 들어 줄게. 옛날 옛날에 큰 병에 걸린 아이가 있었어. 부모는 아이가 원하는 것, 좋아하는 것을 모두 주려고 했어. 왜냐하면 아이는 곧 죽음을 맞이할 테니까. 너와 나도 그래. 언제 이 세상과 작별할지 모르지. 그래서 우린 세상을 마음껏 즐길 줄 알아야 해. 죽음을 앞뒀을 때 우리가 우리 자신에게 해 줄 일이 바로 그거니까."

Day20. 자신의 길을 간다는 것에 대하여

 이윽고 스무 번째 질문이 나왔어.
 "할아버지, 제겐 꿈이 있어요. 그래서 그 꿈을 향해 나아가고 있어요. 그런데 가끔 이게 진짜 내 길이 맞는지 헷갈릴 때가 있어요."

니체가 대답했어.

"진정한 자신의 길을 걷는지 알려면 걸음걸이를 보면 돼. 자기 자신의 목표에 가까이 다가가는 사람은 걸음이 가볍기 마련이니까. 늪에 빠지더라도 그는 진흙탕 위를 사뿐히 걸어. 거기서도 얼음 위에서처럼 춤을 춘단다. 이해되었니?"

마음의 꽃

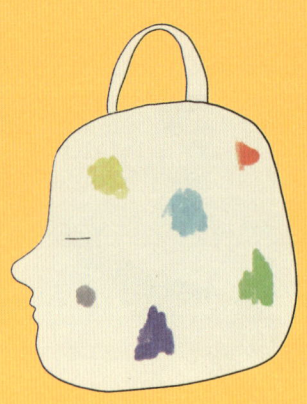

니체는 아이들을 데리고 정원으로 나갔어.
정원에는 온갖 빛깔의 질문의 꽃이 가득했어.
아이들은 정원을 오가며 꽃을 관찰했어.

"와, 여기 이 투명한 꽃은 뭐죠? 신기해요!"
한 아이가 소리쳤어.
니체가 아이에게로 다가가 어깨에 손을 얹었어.
그가 말했어.
"이 꽃은 마음에 관한 질문의 꽃이야. 마음도 공기처럼 투명해서 눈에 보이지 않잖니. 그래서 알기가 어려워. 하지만 가만히 들여다보면 알 수 있단다."

Day21. 두려움에 대하여

"할아버지, 저는 겁이 많아요. 제 마음속에는 두려움이라는 괴물이 사나 봐요. 누가 좀 꺼내 주면 좋겠어요."
스물한 번째 아이가 말했어.

니체가 대답했어.

"마음속 두려움은 누구도 꺼내 주지 못해. 신조차 할 수 없지. 우리 마음이 두려움을 만든 거니까. 하지만 또 그래서 얼마든지 사라지게 할 수 있어. 두려움이란 아직 경험하지 못한 것에서 오는 공포감이라서 실체가 없거든. 마음 상태에 따라 얼마든지 있다가도 사라질 수 있는 것, 네 마음이 무시할 수 있는 것. 두려움이란 바로 그런 거야. 알고 보면 아무 힘도 없는 놈이지."

Day22. 역경에 대하여

"저는 힘든 일이 생기지 않았으면 해요. 늘 좋은 날만 있으면 얼마나 좋겠어요?"

스물두 번째 아이가 말했어.

아이의 말에 니체는 슬며시 미소 지었어.
그러곤 이렇게 말했지.
"늘 좋은 날만 있으면 좋겠지만, 인생은 그렇지 않단다. 누구도 고난 없이는 단단해지지 않거든. 나무도 크게 자라려면 튼튼한 뿌리로 단단한 바위를 감을 수 있어야 해. 지나치게 비옥하고 부드러운 토양에서는 가능하지 않은 일이지."

Day23. 시작에 대하여

"할아버지, 저는 새로운 게 싫어요. 새로운 음식을 먹는 것도, 새로운 곳에 가는 것도 전부 싫어요. 왜 그럴까요?"

스물세 번째 아이가 물었어.

니체가 대답했어.
"글쎄다. 실패할지도 모른다는 두려움 때문이 아닐까? 하지만 생각해 보렴. 무슨 일이든 새로운 시작은 위험해. 그렇지만 시작하지 않으면 어떤 것도 이루어지지 않지. 하루살이를 봐. 하루살이는 단 하루를 살고 죽음을 맞이하지만, 죽을까 봐 삶을 포기하지는 않아. 죽음이 두려워 태어나지 않았다면 삶도 없었을 테니까. 그러니 뭐든 시도해 보는 게 좋아. 그래야 좋은지 나쁜지 알 수 있어."

Day24. 근심에 대하여

스물네 번째 질문은 몇 번의 망설임 끝에 나왔어. 아이가 물었지.

"할아버지, 제게는 걱정이 많아요. 뭐든 시작하기 전에 걱정부터 해요. 그러지 않을 수 있는 방법이 있을까요?"

니체가 대답했어.

"여기 나비 한 마리가 있어. 곧 죽을지도 모른다는 사실에도 아랑곳하지 않고 꽃과 꽃 사이를 힘차게 나는 나비가! 몇 시간 뒤면 차디찬 밤이 찾아오겠지만, 나비는 미리 걱정하지 않아. 그래서 아직 일어나지 않은 일에 마음을 빼앗기는 법이 없지. 너도 그래. 지금, 여기에 집중하다 보면 걱정할 틈이 없을 거야."

Day25. 내면의 악에 대하여

"나쁜 마음이 들 때는 어떻게 해야 해요, 할아버지?"
스물다섯 번째 아이가 물었어.

니체가 대답했어.
"노련한 숲 가꿈이는 숲속을 헤치고 들어가 생태를 관찰해. 나무를 솎고 병든 나무를 베어 내지. 그렇게 가꾼 숲은 생기 넘치고 대지를 따뜻하게 만들어. 마음도 마찬가지야. 그래서 우린 노련한 숲 가꿈이처럼 마음이라는 정원에서 병든 가지를 치고 해충을 잡는 수고를 아끼지 말아야 해."

Day26. 소유욕에 대하여

"저는 원하는 걸 가졌을 때 가장 행복해요. 갖고 싶은 것도 많고요. 그런데 친구가 저한테 욕심이 너무 많대요. 욕심이 많은 건 나쁜 건가요?"

스물여섯 번째 질문은 니체의 정원에 오는 도중 여러 상점을 들르느라 가장 늦게 도착한 아이에게서 나왔어.

아이의 가방은 새로 산 물건으로 가득했지.

니체가 대답했어.

"무언가를 갖고 싶은 마음이 나쁜 것만은 아니야. 다만 정도를 넘어서면 그런 마음이 사람을 노예처럼 부리는 것이 문제지. 휴식을 앗아가고 소유욕에 휩싸인 사람을 완전히 구속한단다. 결국 물질적인 면에서는 풍족하지만, 내면적으로는 매우 빈곤한 인간으로 전락시키고 말지. 뭐든 적당한 게 좋다는 말은 괜히 나온 게 아니야."

Day27. 슬픔에 대하여

 스물여섯 번째 아이 옆에는 웃음을 잃은 듯, 내내 침울한 표정을 한 아이가 서 있었어.
 니체가 아이를 보고 물었어.
 "슬퍼 보이는구나. 무슨 일이 있었니?"
 아이가 대답했어.
 "얼마 전에 미미가 죽었어요. 우리 집에서 키우던 고양이인데, 아파서 하늘나라로 갔어요. 그래서 너무 슬퍼요. 엄마, 아빠는 시간이 지나면 괜찮아진다고 말씀하셨지만 저는 잘 모르겠어요."

니체가 말했어.

"그렇구나. 소중한 존재를 잃는다는 건 참으로 슬픈 일이야. 사실 그럴 때 우리가 할 수 있는 일은 별로 없어. 우물처럼 깊은 슬픔을 가슴에 품고 일상을 지속하는 것 외에는. 하지만 그러다 보면 서서히 알게 된단다. 우리를 슬픔이라는 우물에서 꺼내 주는 건 시간이 아닌 생활에 녹아 있는 작은 즐거움과 기쁨, 소소한 만족이라는 사실을. 너무 깊어서 검게만 보이는 우물도 햇살 한 줌에 반짝이고 꽃잎 하나로 예뻐지잖니."

니체는 말을 마치고 아이의 손을 잡아 주었어.

Day28. 싫증에 대하여

잠시 후, 스물여덟 번째 질문이 나왔어.
"할아버지, 저는 쉽게 싫증을 내요. 뭐든 그렇죠. 도대체 왜 그럴까요?"

니체가 대답했어.

"쉽게 얻을 수 없는 것일수록 간절히 원하는 법이지. 하지만 일단 손에 들어가고 나면 나중에는 가치 없게 느껴져. 사물이든 사람이든 마찬가지야. 그런데 사실 무언가에 싫증이 났을 때는 그 무언가가 아닌 자기 자신에게 싫증이 난 경우가 많아. 성장하지 않는 내 모습에 싫증이 난 거지. 끝없이 성장하는 사람은 계속 변화하기 때문에 어떤 일에도 싫증을 느끼지 않거든."

Day29. 고민에 대하여

"고민이 많은 것은요? 저는 매일 새로운 고민이 생겨요."
스물아홉 번째 아이가 물었어.

니체가 대답했어.
"고민은 틀에 박힌 생각과 감정이 떠다니는 상자 속

에 사람을 갇히게 해. 그 비좁은 곳에서 나올 꿈조차 꾸지 못하게 만들지. 왜냐하면 그 속에는 낡은 것만 가득하거든. 그 사실을 깨닫는 것만으로도 고민의 상자에서 탈출하는 방법을 알아낸 것이야. 이제부터 할 일은 '질병'을 세계를 향한 다리라고 부른다든가, '역경'을 도약의 기회라고 이름 짓듯, 낡은 것에 새로운 이름을 붙여 주는 것뿐이니까. 그것만으로도 상자는 새로운 가치로 채워지고 전혀 다른 공간이 된단다."

Day30. 있는 그대로를 바라본다는 것에 대하여

 "니체 할아버지, 얼마 전의 일이에요. 같은 반 친구가 선생님께 칭찬을 받았어요. 착한 일 했다고요. 칭찬받으려고 일부러 그런 것도 선생님은 모르시나 봐요."
 서른 번째 아이가 입술을 삐죽이며 말했어.

니체가 대답했어.

"흠, 그런 일이 있었구나. 그런데 얘야, 어떤 의도였든지 그 친구가 한 착한 일만 봐 주면 안 될까? 그런 걸 '있는 그대로 바라본다.'라고 해. 사람의 눈은 카메라 렌즈와 비슷한 역할을 하지만 렌즈처럼 앵글에 비친 모든 것을 있는 그대로 투과시키지 않거든. 마음을 비우고 본다고 생각하더라도 사실은 바라보는 대상에 얇은 막을 덮어씌우는 것에 지나지 않아."

"얇은 막이요? 그게 뭐예요?"

"습관적인 감각, 순간의 기분, 다양한 기억의 조각 같은 것을 말해. 예를 들면, 칭찬받으려고 일부러 그랬다는 네 생각."

니체의 말에 아이는 얼굴이 붉어졌어.

Day31. 작아짐에 대하여

이윽고 서른한 번째 질문이 시작되었어.

"제게는 나이 차이가 많이 나는 동생이 있어요. 모기처럼 떼만 쓰고 귀찮게 하는 녀석이죠. 제 동생은 왜 그럴까요?"

니체가 대답했어.

"동생의 마음을 알려면 그만큼 눈높이를 낮추어야 해. 성숙한 어른이 어린이의 마음을 알기 위해 몸을 낮추듯 꽃, 풀, 나비처럼 몸을 낮춰야만 하지. 인간은 때로 작아질 필요가 있어. 너무 커 버려서 작은 것들의 소중함을 모르니까. 작아지면 세상을 바라보는 눈이 이전보다 예민해져서 더 많은 것을 발견할 수 있거든."

Day32. 사랑받고자 하는 마음에 대하여

 서른두 번째 질문은 곱슬곱슬한 머리카락에 장밋빛 뺨을 가진 아이가 했어.

 "니체 할아버지, 저는 모두에게 사랑받고 싶어요. 사랑받고 있지 않다는 생각이 들 때는 몹시 불안해지고 불행하다고 느껴지거든요. 잘못된 걸까요?"

니체가 대답했어.

"사람은 누구나 사랑받길 원해. 하지만 사랑받지 못한다고 불행해질 때에는 자기 자신을 돌아봐야 해. 이대로 괜찮지 못하다는 생각, 혹은 나 자신을 믿지 못하는 마음이 불안을 키우고 결국에는 약간의 안도감을 얻기 위해 누군가의 사랑을 갈구하게 되니까. 길가의 돌은 아무도 자신을 사랑하지 않아도 불행해 하지 않는단다. 누가 자길 좋아하든 안 하든, 자기 자신을 믿고 존중하고 사랑하면서 작지만 단단한 모습 그대로 존재할 뿐이야."

Day33. 기분에 대하여

"할아버지, 저는 비가 오는 날에는 기분이 별로 좋지 않아요. 맑은 날에는 그렇지 않지만요. 왜 그럴까요?"
서른세 번째 아이가 물었어.

니체가 웃으며 대답했어.

"어둠 속에서의 시간과 빛 속에서의 시간은 전혀 다른 방식으로 흘러가. 어떤 일을 받아들이는 우리의 감각, 의식, 느낌이 주위의 여러 상황과 요소에 따라 얼마든지 변화한다는 말이야. 인간은 홀로 존재하지 않아. 기분도 그래. 상호 작용 없이는 어떤 것도 생겨나지 않지. 그래서 비 오는 날에는 울적한 기분이 들기도 하고, 맑은 날에는 기분이 좋아지기도 하고 그런 거야."

Day34. 감정을 대하는 태도에 대하여

그때였어. 한 아이가 예상 밖의 질문을 던졌어.
"그럼 비가 오는 날에는 무조건 기분이 나빠야 하나요? 비가 와도 좋은 기분을 유지할 방법은 없나요?"

니체는 아이의 통찰력에 감탄했어.

그가 대답했어.

"외부의 자극으로부터 자유로우려면 스스로 바다가 되어야 해. 오염된 강물을 받아들여도 더럽혀지지 않는 바다처럼 '나'라는 인간의 폭을 넓혀야만 하지. 그러면 밀려 들어오는 감정의 여러 소용돌이를 삼켜 버릴 수 있어."

Day35. 마음에 대하여

서른다섯 번째 아이가 물었어.

그 아이에게는 다른 사람과 조금 다른 특징을 가진 동생이 있었어.

"제 동생은 자폐 스펙트럼 장애를 가지고 있어요. 그래서 그 애의 마음을 좀처럼 알 수가 없어요. 동생의 마음이 어떤지 알려면 어떻게 하면 되지요?"

니체가 대답했어.

"흠, 어려운 질문이구나. 동생의 마음을 알고 싶으면 그 아이가 무엇을 귀하게 여기는지 살펴보면 어떨까 해. 마음은 보물이 있는 곳에 사니까. 물론 네 동생만이 그런 건 아니야. 네 마음도 네가 가장 귀하게 여기는 것 안에 산단다. 그런 의미에서 우린 모두 같아. 때로 서로의 마음이 다른 까닭은 각자 그 순간 가장 귀하게 여기는 게 다르기 때문이지."

Day36. 행복에 대하여

"니체 할아버지, 저는 행복해지고 싶어요. 착한 일을 많이 하면 행복해질 수 있을까요?"

서른여섯 번째 아이가 물었어.

니체를 도와 친구들에게 빵과 수프를 나눠 준 아이였어.

니체가 대답했어.

"착한 일을 하면 행복해지지만, 행복해지기 위해 꼭 착한 일을 할 필요는 없단다. 사람들이 동물과 아기를 좋아하는 이유는 착한 일을 해서가 아니라 아무 걱정 없이 행복해 보이기 때문이거든. 동물과 아기는 자신을 숨기거나 가리지 않아. 늘 평소처럼 행동할 뿐이지. 언제나 지금, 현재의 순간에 사로잡혀 있을 뿐 어제를 돌아보지도, 다음 생각하지도 않아. 그러니 걱정할 틈도, 지루해할 틈도 없어. 물론 행복을 위해 노력하지도 않아. 행복이 목적이 아니라는 사실을 아는 거니까."

Day37. 불행에 대하여

"할아버지, 그래도 불행하다고 느껴질 때는 어떻게 하면 좋아요?"

서른일곱 번째 아이가 물었어.

니체가 대답했어.

"사람들은 추운 걸 싫어해. 하지만 눈 내리는 크리스마스는 좋아하지. 그래서 말인데, 아무리 나쁜 일에도 좋은 면은 늘 있는 법이란다. 인간을 봐! 직립보행으로 만성적인 허리 통증에 시달리게 되었지만, 양팔을 자유롭게 사용하게 되었고, 그 팔로 다른 누군가를 안을 수 있게 되었잖니! 불행도 그래. 나쁜 면만 있는 게 아니야."

Day38. 행복에 이르는 길에 대하여

"잠깐만요. 할아버지는 아까 행복이 진짜 목적이 아니라고 말씀하셨어요. 현재를 살라고요. 그렇다면 행복해지는 방법은 한 가지뿐인가요?"

행복에 대한 또 다른 질문이 나왔어.

모두가 행복하길 원했으니까.

니체가 대답했어.

"행복에 이르는 길은 많고도 적어. 간단하면서도 어렵지. 그래서 무엇이 행복인지에 관해 묻는 이야기 중에는 이런 것도 있어. 어느 날, 한 현자가 나그네에게 행복에 이르는 길을 물었어. 그러자 나그네는 주저하지 않고 대답했어. 당신 자신에게 경탄하라고. 그리고 길 위의 삶을 살라고."

아이들은 니체의 말을 모두 이해할 수 없었어. 하지만 필요할 때가 있으리라 믿고, 잊지 않으려 마음속으로 다시 한번 되뇌었어.

Day39. 고통에 대하여

잠시 후, 서른아홉 번째 아이가 물었어.
"저는 고통이 왜 있는지 궁금해요. 고통이 없다면 세상이 더욱 아름답지 않을까요?"

니체가 대답했어.

"춤추는 별을 낳으려면 자기 안에 혼돈을 지녀야 해. 고통 없이 빛나는 기쁨은 없으니까. 터널을 지난 뒤 만나는 빛이 더 밝게 느껴지듯, 힘겨운 시간을 견딘 뒤 얻는 행복에 무엇과도 바꿀 수 없는 힘이 있는 까닭이지. 이해가 되었을까?"

관계의 꽃

니체는 아이들과 함께 거리로 나갔어.
거리는 수많은 인파로 붐볐어.
오가는 사람들을 가리키며 그가 말했어.

"저들과 나는 다른 듯 보이지만, 한 가지 공통점이 있어. 누구나 다른 누군가와 관계를 맺고 있다는 것. 우리는 이 관계를 통해 나라는 인간을 배우고 성장해. 예외는 없어. 빨주노초파남보, 무지개도 이웃한 색과 관계하며 자신을 알아 가지. 우리가 나눌 세 번째 대화의 주제가 '관계'인 이유야."

Day40. 미움에 대하여

"니체 할아버지, 제가 싫어하는 친구가 있어요. 그런데 미워하면 할수록 마음이 더 힘들어져요. 왜 그럴까요?"

마흔 번째 아이가 물었어.

니체가 대답했어.

"괴물과 싸우는 사람은 그 싸움 속에서 자기 자신도 괴물이 되지 않도록 조심해야 해. 우리가 괴물을 오랫동안 들여다보면 괴물도 우리의 가장 깊은 곳을 들여다보게 되거든. 미움이라는 괴물과의 싸움도 그래. 누군가를 미워하는 마음은 벽에 던진 공처럼 자기 자신에게로 돌아와. 그래서 네 마음이 힘들어진 거야."

Day41. 패배에 대하여

"저는 피겨스케이팅을 배워요. 그런데 매번 중요한 경쟁에서 져요. 왜 그럴까요?
 마흔한 번째 아이가 물었어.

니체가 대답했어.

"패배는 부족한 실력을 다질 좋은 기회야. 하지만 그 기회를 잡지 못하고 좌절해 끝내 넘어진다면 모든 게 달라져. 진짜 패배자가 되는 거야. 이때에는 상대가 너무 강해서 패배하는 게 아니야. 이제껏 없던 곤경에 처해서, 상황이 너무 나빠서, 역전할 조건이 갖춰져 있지 않아서도 아니야. 두려움에 진 거니까. 더 나아갈 길이 없다고 생각하면 개척할 길이 보이지 않아. 위험하다고 생각하면 안전한 곳이 사라지고, 끝이라고 믿으면 종말의 입구로 발을 내딛게 되지."

3 Day42. 좋고 나쁨에 대하여

이윽고 마흔두 번째 질문이 시작되었어.

질문자는 삼 형제 중 막내로 다른 형제들에 비해 공부를 못 했고, 실수도 자주 했어.

"니체 할아버지, 저는 다른 형제와 저를 비교하는 말이 세상에서 제일 싫어요. 뭔가 잘하고 싶은 마음도 사라지게 하거든요. 물론 전 잘하는 게 없지만요."

생각에 잠긴 얼굴로 니체가 대답했어.

"모든 좋은 것은 우리를 삶으로 이끌어. 그리고 살아갈 의욕을 불어넣어 줘. 죽음을 다룬 책, 생을 거스르는 내용의 책이라도 좋은 책이라면 삶에 필요한 영양과 자극제가 되어 주지. 반면 나쁜 것은 우리를 한없이 아래로 끌어당겨. 그리고 나락의 길로 인도해. 힘이 되지 않는 말을 마음속에 담아 두지 말아야 하는 이유야."

Day43. **거리에 대하여**

"저는 동생을 챙겨 주고 도와주고 싶은데, 동생은 간섭하지 말라면서, 답답하다고 해요. 이럴 땐 어떻게 하는 게 좋을까요?"

마흔세 번째 아이가 물었어.

니체가 대답했어.

"형과 동생 간에도 얼마간의 거리는 필요해. 부둥켜안아야만 사랑은 아니니까. 멀리서 보면 복잡한 게 단순해지고, 단순해지면 또렷이 보이는 법이거든. 예를 들어, 모네가 그린 점묘화는 가까이서 보면 무엇을 표현했는지 알 수 없어. 멀찌감치 물러서서 감상한 후에야 비로소 그려진 대상의 윤곽을 알 수 있지. 사람과 사람 사이에 필요한 거리, 인생의 소용돌이 속에서 파도치는 바다를 바라볼 때 필요한 거리 또한 이처럼 적정한 떨어짐을 요구해. 나무와 나무가 일정 거리를 두고 자라는 것과 같은 이치야."

Day44. 관계에 대하여

"저를 너무 힘들게 하는 사람과는요? 그런 사람과도 거리를 두면 되나요? 우리 반의 한 아이는 제 험담을 하고 다니면서 필요할 때만 저를 찾아요."

마흔네 번째 아이가 물었어.

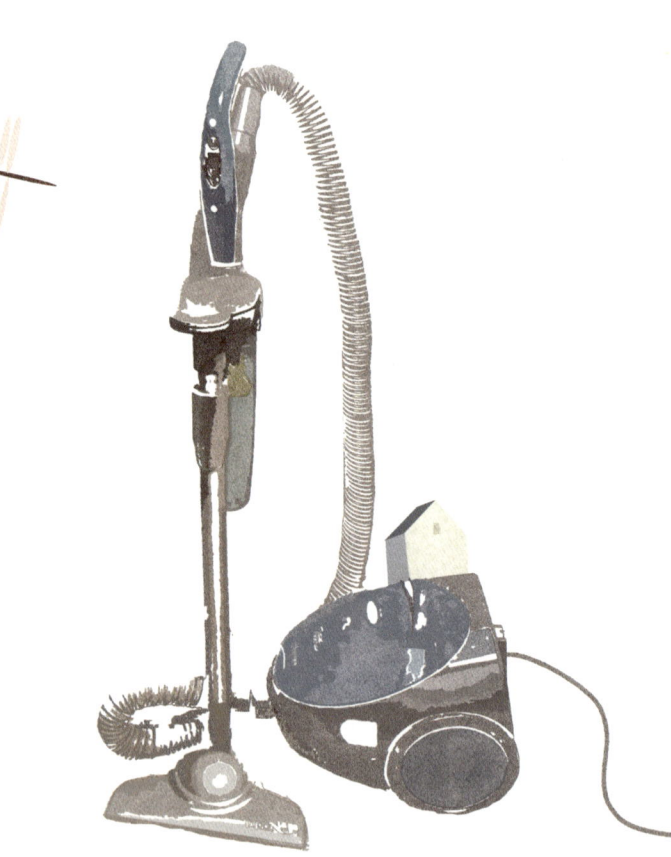

니체가 대답했어.

"세상에는 다른 사람을 자신의 목적을 이루기 위한 수단으로 생각하는 사람이 있어. 그런 사람은 다른 사람을 무시하고 그저 도구로만 여기지. 가끔은 자신조차도 그렇게 생각해. 그래서 자신을 소홀히 여기고 아무렇지도 않게 자기 자신을 버리기도 해. 관계에 있어서 우리가 주의할 점은 그런 사람과는 되도록 교류하지 않는 거란다. 인생은 생각보다 짧아. 그래서 우리에게 주어진 단 한 번의 시간을 의미 있게 쓰려면 때로는 독이 되는 이들과의 교류를 끊는 지혜도 필요해."

Day45. 우정에 대하여

"할아버지, 저는 우정이란 무얼까 생각했어요. 진짜 우정이요."

마흔다섯 번째 아이가 말했어.

니체가 대답했어.

"참된 우정은 신뢰를 바탕으로 하고, 친밀한 감정에만 의지하지 않아. 그래서 제삼자의 눈에는 오히려 무미건조한 교제로 보이는 경우가 많지. 반대로 누군가 필요 이상의 연락으로 친밀함을 얻어 내려 한다면, 아직은 진짜 친구라고 볼 수 없어. 그 사람은 상대의 신뢰를 얻었다고 자신하지 못하니까. 이렇듯 좋은 친구란 얼마나 자주 연락하는가가 아닌 서로에 대한 신뢰를 기반으로 해."

Day46. 평판에 대하여

 "이런 걸 물어도 될지 모르겠지만, 저는 다른 사람이 저를 어떻게 생각하는지 늘 걱정되어요. 그래서 자꾸 눈치를 보게 돼요."
 마흔여섯 번째 아이가 말을 더듬으며 물었어.

니체가 대답했어.

"좋은 평판에 기뻐하거나 나쁜 평판에 괴로워할 필요는 없어. 그런데도 많은 이들이 참인지 거짓인지 생각지 않고 그저 자신에게 들리는 평판에 울고 웃지. 나에 대해 나 자신보다 더 잘 아는 사람은 없는데도."

니체의 말은 간결했지만 아이는 무슨 뜻인지 금세 이해할 수 있었어.

Day47. 사귐에 대하여

곧이어 마흔일곱 번째 질문이 시작되었어.
질문을 한 아이는 새로운 짝과 가까워지고 싶었어.
"좋아하는 친구가 있어요. 그 친구와 친해지려면 어떻게 하면 되지요?"

니체가 대답했어.

"좋은 친구가 되려면 우선 자기가 하는 일에 열중해야 해. 주어진 일에 충실하고 책임을 다하다 보면 건강한 인격을 얻게 되거든. 재능을 키우고 집중력을 얻을 수도 있어. 게다가 그런 사람은 주위의 신뢰를 받지. 참된 우정이 신뢰를 바탕으로 한다는 점을 기억한다면, 왜 그래야 하는지 쉽게 이해될 거야."

Day48. 약속에 대하여

마흔여덟 번째 질문이 이어졌어.
"저는 친구 사이에 약속을 지키는 것도 우정을 키우는 데 중요하다고 생각해요. 아닌가요?"

니체가 대답했어.

"물론이야. 약속이란 단순히 언제 어디서 만나는가, 그리고 무엇을 하고 안 하고에 그치지 않으니까. 약속에 필요한 말들 안에 있는 것이 약속의 진정한 정신이거든. 약속 안에는 두 사람의 친밀한 관계, 서로 위안을 주고 신뢰하고 앞으로도 계속될 인연의 확인, 상대에 대한 배려 등 많은 것이 담겨 있어. 상대와 자기 자신에 대한 인간적인 맹세라고 할 수 있지. 그래서 가능한 지키는 게 좋아. 피치 못할 사정이 없다면 말이야."

Day49. 행동에 대하여

 마흔아홉 번째 질문에 앞서 한 아이가 머뭇거렸어. 말실수로 친구들에게 자주 오해를 사는 아이였지. 그 아이는 한참이 지난 뒤에야 입을 열었어.

 "할아버지, 저는 말실수를 자주 해요. 마음은 그렇지 않은데 반대로 말할 때도 있고, 잘해 주고 싶은 친구에게 나쁜 말을 할 때도 있어요. 왜 그럴까요?"

니체가 대답했어.

"행동에 앞서 주의해야 할 가장 중요한 점은 자신의 모든 말과 행동이 세계에 울림을 준다는 사실을 잊지 않는 거야. 어떤 일도 혼자 일어나지 않고 어떤 형태로든 다음에 일어나는 일과 단단히 이어져 있거든. 생각이 결단을 이끄는 요인이 되고, 실행으로 이어진 결단이 세상에 영향을 주는 것이지. 꽃향기가 자신의 기쁨에 머물지 않듯이, 나비의 날갯짓이 먼 곳에 바람을 일으키듯 말이야."

Day50. 함께한다는 것에 대하여

"얼마 전에 가장 친한 친구에게 기쁜 일이 생겼는데 기분이 묘했어요. 질투가 났다고 할까요? 슬픔을 함께한 사이라서 진짜 친구라고 생각했는데 아닌가 봐요. 그래서 마음이 좀 불편해요. 제가 나쁜 사람일까요?"
쉰 번째 아이가 물었어.

니체가 대답했어.

"글쎄다. 네가 나쁘다기보다는 그 친구와 아직 충분히 친하지 않은 것은 아닐까? 인간은 함께 괴로워할 때가 아니라 함께 즐거워할 때 더욱 가까워지거든. 슬픔에 같이 울어 주긴 쉬워도 상대의 기쁨에 진심으로 즐거워해 주기란 어려우니까. 그러니까 너무 자책하지 않았으면 좋겠구나. 분명 같이 즐거워할 때가 있을 테니까. 그 친구가 아니면 다른 누구와라도."

Day51. 진실한 우정에 대하여

"니체 할아버지, 그럼 진짜 우정이란 함께 즐거워해 주는 거네요? 진짜 우정이라고 할 수 있는 다른 건 없나요?"

쉰한 번째 아이가 물었어.

니체가 대답했어.

"우리가 넓은 대자연 속에 있기를 좋아하는 이유는 자연에게 우리에 대한 아무런 견해가 없기 때문이야. 자연은 좋다거나 나쁘다는 판단 없이 우리가 우리 자신으로 있게 해 주거든. 진실한 우정은 그런 것이야. 상대의 장점이나 단점을 가르지 않고, 본래의 모습을 인정하고 받아들이고 지지하며 곁에서 묵묵히 지켜봐 주는 것. 자연이 우리에게 해 주듯이 말이야."

Day52. 기억력에 대하여

"할아버지, 얼마 전 저는 놀라운 이야기를 들었어요. 금붕어의 기억력이 3초라고요. 정말인가요? 그럼 우리 집 코코는 저를 3초밖에 기억하지 못하는 거잖아요. 참, 코코는 제가 키우는 금붕어 이름이에요."

쉰두 번째 아이가 당혹스러운 얼굴로 물었어.

니체가 대답했어.

"아니, 그건 잘못된 속설이야. 인간에 비하면 기억력이 좋다고는 할 수 없지만, 금붕어도 몇 개월의 장기 기억을 할 수 있거든. 하지만 기억력이 나쁘다고 꼭 안 좋은 건 아니란다. 얼마 전 겪은 일이 오늘 새로 겪는 일이 되어서, 반복된 일상을 지루하지 않게 보낼 수 있으니까. 이런 걸 두고 어른들은 '망각의 축복'이라고 하지."

Day53. 진실한 사랑에 대하여

"그럼 저희 할아버지도 축복받은 건가요? 할아버진 알츠하이머병에 걸려서 저를 몰라보시거든요."

쉰세 번째 아이가 물었어.

니체가 대답했어.

"아니, 질병에 의한 망각과 건강한 망각은 달라. 병은 많은 것을 앗아 가니까."

니체의 말에 아이의 얼굴이 일순간 어두워졌어.

그 모습을 보고 니체가 곧바로 한마디 덧붙였어.

"하지만 진실한 사랑은 영원히 변하지 않지."

"진실한 사랑이요?"

"그래, 영혼이 육체를 감싸는 그런 사랑. 뇌가 기억하지 못하더라도 영혼이 기억하는 사랑은 영원하단다."

Day54. 멘토에 대하여

다 같이 횡단보도를 건널 때였어.
쉰네 번째 아이가 좌우를 살피며 물었어.
"할아버지, 저는 며칠 전에 멘토가 어떤 사람인가 하는 질문을 받았어요. 멘토가 뭐죠?"

니체가 대답했어.

"추락하기 쉬운 곳에 왜 난간이 설치되어 있는지 아니? 실제로 사고가 나면 난간과 함께 떨어져서 확실한 안전을 보장받을 수 없지만, 이 난간으로 인해 나름의 안정감을 얻을 수 있기 때문이야. 멘토란 그런 존재야. 마음을 의지할 수 있는 사람, 그래서 마음을 지탱하는 데 큰 지지대가 되어 주는 사람. 부모님이나 선생님, 친구도 여기에 속할 수 있어. 인간에게는, 특히 나이가 아직 어린 사람에게는 난간과 같은 역할을 묵묵히 맡아 줄 사람이 필요해. 난간을 옆에 두고 나란히 걸으면 천 리 벼랑길도 조금은 든든한 법이니까. 이해가 되었겠지?"

삶이라는 꽃

니체는 아이들을 데리고 숲으로 갔어.
숲속 깊이 들어가자 집을 짓고 먹잇감을 기다리는 거미와 바삐 어딘가로 향하는 개미 등, 평소 눈여겨보지 않던 것들이 시야에 들어왔지.
니체가 이끼 낀 나무 기둥을 어루만지며 말했어.

"여기 이 나무는 나무의 삶을 살고 있고, 저기 저 바위는 바위의 삶을 살고 있단다. 각자 자신만의 삶을 채워 가는 중이지. 너희도 그래. '나'라는 삶의 주인이 되어 각자의 인생을 채우는 중이야."

Day55. 사라짐에 대하여

숲 곳곳에서 새들의 지저귐이 들려왔어.
나무를 쪼아 벌레를 잡아먹는 딱따구리도 보였어.
한 아이가 그 모습을 보며 물었어.
"니체 할아버지, 저는 죽음에 대해 알고 싶어요. 살아 있는 모든 건 왜 죽어야만 할까요?"

니체가 대답했어.

"좋은 질문이구나. 삶을 이야기하며 죽음을 빼놓을 순 없지. 무서워서 다들 피하긴 하지만 말이야. 어쨌거나 네 말대로 몸을 가진 이상, 우린 모두 죽음이라는 과정을 건너뛸 수 없어. 살아 있는 모든 것의 숙명이지. 하지만 영혼의 측면에서 보면 죽음은 상태의 변화일 뿐 끝이 아니야. 여러 번의 죽음을 경험하며 영원히 존재하거든. 세상을 구성하는 원자와 같아. 끝없이 변화하고, 있다가도 없으며, 없다가도 있으니까."

Day56. 장애물에 대하여

죽음이라는 무거운 주제 앞에서 아이들은 잠시 침묵했어.

게다가 원자라니? 너무 어렵잖아!

쉰여섯 번째 질문이 나온 것은 시간이 한참 지난 뒤였어.

"니체 할아버지, 저는 일요일마다 부모님과 교회에 가요. 목사님은 예수님이 우리를 사랑하신다고 하셨어요. 그런데 제 생각에는 아닌 것 같아요. 예수님이 인간을 사랑한다면, 왜 힘든 일을 겪게 할까요?"

니체가 대답했어.

"힘든 일을 딛고 일어서는 모습을 보고 싶으셨기 때문이 아닐까? 그래서 인생 곳곳에 장애물을 세워 두셨는지도! 힘든 일이 있을 때, 우린 굴복하는 대신 장애물을 성장의 밑거름으로 삼을 수 있거든. 이때에는 장애와 시련이 자신을 더욱 높은 곳으로 끌어올리는 고마운 거름일 뿐, 더는 독이 아니야. 작은 물고기는 파도에 휩쓸리지만 큰 물고기는 파도를 타고 먼바다로 나아가지."

Day57. 지름길에 대하여

"할아버지, 저는 빨리 성공하고 싶어요. 좋은 방법이 있을까요?"

쉰일곱 번째 아이가 물었어.

같은 거리라면 기차로 이동하기보다는 비행기로 이동하는 편이 낫다고 믿는 아이였어.

니체가 대답했어.

"수학에서 가장 짧은 길은 출발점과 도착점을 직선으로 잇는 길이야. 그러나 현실에서는 그렇지 않아. 이걸 두고 옛날 뱃사람들은 이렇게 말했단다. '지금 가장 알맞게 불어오는 바람이 돛을 부풀려 이끄는 항로가 목적지를 향한 최단 거리'라고. 성공을 위한 지름길은 없다는 뜻이야."

Day58. 어둠에 대하여

쉰여덟 번째 아이가 물었어.
"저는 밤이 무서워요. 깜깜한 게 싫거든요. 밤은 왜 있나요?"

니체가 대답했어.

"밤이 없다면 낮의 따스함과 눈부심을 알 수 없어. 울어 보지 않고는 웃음의 소중함을 알 수 없고, 아파 보지 않고는 건강의 귀함을 알 수 없지."

Day59. 원인과 결과에 대하여

"할아버지, 저는요, 예전에 좋은 마음으로 한 일이 있어요. 그런데 결과가 안 좋았어요. 뭐가 문제였을까요?"

쉰아홉 번째 아이가 물었어.

니체가 대답했어.

"좋은 마음으로 한 일이 언제나 좋은 결과를 낳지는 않는단다. 반대의 경우도 그래. 원인과 결과가 수평선 위에 찍힌 두 점이 아니기 때문이야. 그래서 결과에 따라 원인이 전혀 달라지기도 하는 거야. 원인과 결과 모두 어떤 각도에서 보느냐의 차이만 있을 뿐, 완성되지 않은 도중의 상태이거든. 여기에 선을 긋고 이름을 짓는 건 언제나 우리의 생각이란다."

Day60. 주어진 조건에 대하여

곧이어 예순 번째 질문이 나왔어.

"니체 할아버지, 원인과 결과가 항상 같지 않다면, 저도 지금보다 나은 환경에서 살 수 있을까요? 저는 부모님이 안 계세요. 어릴 때 모두 돌아가셨거든요. 그래서 보육원에서 자랐어요. 그렇다고 계속 환경을 탓하고 싶지는 않아요. 하지만 미래가 두렵긴 해요."

니체가 대답했어.

"주어진 환경이나 조건은 인생에 어느 정도 영향을 미치지만, 운명을 결정짓지는 않아. '어디에서 왔는가?'보다는 '어디로 가는가?'가 더욱 중요하고 가치 있으니까. 그래서 삶은 늘 가치 있는 것들을 응원해. 어떤 미래를 목표로 하고 있는가, 현재를 뛰어넘어 얼마나 높은 곳으로 가려고 하는가, 어떤 길을 개척하고 무엇을 창조할 것인가, 바로 이런 것들에 영예가 주어지지."

Day61. 운명에 대하여

"운명은 정해져 있는 게 아닌가요?"
예순한 번째 아이가 물었어.

니체가 대답했어.

"운명은 정해져 있지 않아. 어떤 행동을 했는가, 하지 않았는가. 끝까지 해냈는가. 중도에 포기했는가. 이와 같은 '행위'가 사건을 만들고, 그로부터 다음 운명이 만들어지니까. 그래서 다음 순간 자신에게 일어나는 모든 일은 스스로가 만든 운명일 수밖에 없어."

Day62. 매일의 역사에 대하여

"여기 오길 잘한 것 같아요. 역사에 기록될 만한 하루가 될 것 같거든요. 매일매일 이러면 좋을 것 같아요."
다른 아이들의 질문과 니체의 대답을 열심히 받아 적던 아이가 환한 미소를 지으며 말했어.

니체는 아이의 말이 반가웠어.

매일의 역사에 관해 이야기할 좋은 기회였거든.

그가 말했어.

"역사에 기록될 만한 하루라! 하루하루를 그런 날로 만들 방법이 있어. 하지만 그러려면 먼저 역사가 자신과 무관하지 않다는 걸 알아야 해. 역사를 자신과는 무관한 것으로 생각하거나 도서관의 낡은 책장 속에 가지런히 꽂힌 오래된 책쯤으로 여기는 보통 사람과는 다른 관점을 가져야 한다는 말이야. 왜냐하면 우리 모두에게는 분명 역사가 존재하거든. 각각의 음이 모여 하나의 노래가 되듯, 매일의 역사가 인생을 이루는 것이지."

Day63. 하루의 시작에 관하여

예순세 번째 아이가 진지한 얼굴로 물었어.
"할아버지 말씀대로라면 하루가 굉장히 중요한 거네요! 어떻게 하면 그 하루를 잘 시작할 수 있지요?"

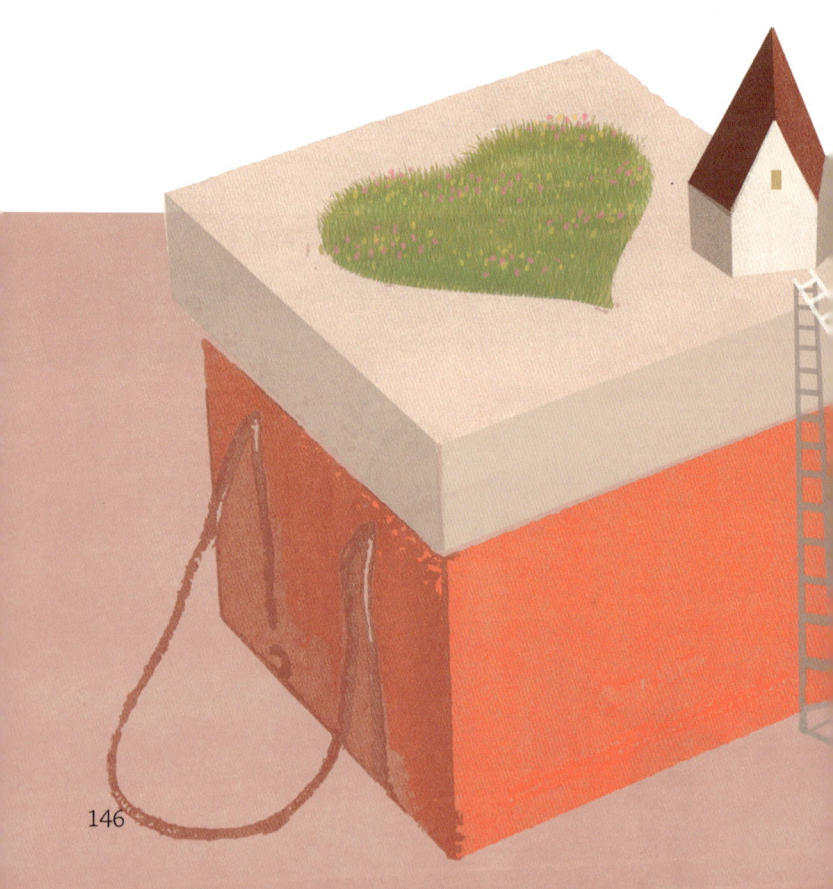

니체가 대답했어.

"오늘 하루를 잘 시작하고 싶다면, 잠에서 깨었을 때 오늘 하루 동안 적어도 한 사람에게, 적어도 하나의 기쁨을 선물하겠다는 마음을 가지는 게 좋아. 아주 사소한 기쁨이라도 상관없어. 그런 습관을 갖게 되면 세상의 이익을 소망하게 되거든. 아름다운 세상을 만들기 위한 첫걸음이지."

Day64. 목적에 대하여

"니체 할아버지, 저는 제가 왜 태어났는지 궁금해요."
예순네 번째 아이가 말했어.

어려운 질문이었지만, 니체의 대답은 생각보다 단순했어.

"너 자신이 되려고 태어났지! 민들레는 민들레꽃을 피워서, 제비꽃은 제비꽃을 피워서 반드시 존재의 목적을 달성한단다. 너도 너라는 사람이 되기 위해 태어났어. 다른 뭔가를 갖거나 다른 무엇이 되기 위해서가 아니란다."

Day65. 진로에 대하여

"저는 배구 선수가 되기 위해 유소년 배구단에서 훈련을 받아요. 그런데 요즈음에는 뮤지컬 배우도 되고 싶어요. 둘 중 저는 뭘 해야 할까요?"

예순다섯 번째 질문은 진로에 관한 것이었어.
많은 아이가 고민하는 문제였지.

니체가 대답했어.

"고민이 된다면 차분히 조금 더 생각해 보면 어떨까 해. 누군가가 이미 만들어 놓은 길을 무턱대고 따라 걷는 건 아닌지, 앞서간 누군가의 방식이나 지도자가 제시하는 길에 자기 자신을 맞추고 있지는 않은지 생각해 보는 거야. 자신만의 길이 무엇인지는 그 후에 알 수 있어."

Day66. 목표에 도달하는 방법에 대하여

"저는 등반가가 되어 에베레스트에 오르고 싶어요. 산을 더 잘 타려면 어떤 준비를 해야 할까요?"
 예순여섯 번째 아이가 물었어.

니체가 대답했어.

"산을 가장 잘 오를 방법이 있어. 더없이 쉽지만, 더없이 어려운 방법이지. 그건 바로 이런 거야. 어떻게 하면 산을 잘 탈지 생각지 않고 한 걸음씩 그저 위를 향해 오르는 것."

Day67. 앎에 이르는 길에 대하여

"할아버지, 저는 인생에서 우리가 꼭 알아야 할 것이 있다면, 그게 뭔지 궁금해요."

예순일곱 번째 아이가 말했어.

니체는 대답에 앞서 잠시 숙고의 시간을 가졌어.
그러곤 다정한 얼굴로 다음과 같이 말했지.
"얘야, 삶에서 꼭 얻어야 하는 앎은 한마디로 요약할 수 없어. 각자 삶에서 배워야 할 것이 다르고, 앎에 이르는 길도 한 가지가 아니니까. 내가 쓴 책의 주인공인 자라투스트라도 수많은 길과 방법으로 자신만의 진리에 도달했지"

Day68. 순환에 대하여

"이건 조금 다른 이야기 같은데요. 계절이 변할 때마다 저는 늘 궁금했어요. 왜 봄, 여름, 가을, 겨울이 있을까 하고요."

예순여덟 번째 아이가 말했어.

니체가 대답했어.

"계절의 순환을 통해 모든 것이 가고 모든 것이 되돌아온다는 진리를 보여 주기 위해서가 아닐까? 겨울이 가고 봄이 다시 찾아오듯, 부서지고 나서야 파도가 다시 오를 수 있듯, 존재의 영원한 순환만이 있을 뿐 이 세상에 영원한 건 없으니까."

Day69. 진리에 대하여

아이들은 '진리'라는 말이 어려웠어.
그래서 예순아홉 번째 아이가 물었지.
"진리요? 많이 들어 봤지만, 사실 그 말이 무슨 뜻인지 잘 모르겠어요."

니체는 말했어.

"진리란 참된 이치를 말해. 하지만 현재 있거나 발견되기를 기다리는 어떤 건 아니야. 계속해서 창조되는 것이니까. 그래서 영원한 진리란 없어. 세상이 흐르며 변화하듯, 진리도 수천수만 개의 모습으로 변화해 왔거든."

니체의 대답에도 아이들은 진리가 무엇인지 잘 이해되지 않았어.

그래도 일단은 기억해 두기로 했지.

지금이 아니라면 내일, 내일이 아니라면 다른 어느 날, 그것도 아니면 언젠가는 이해하게 될 테니까.

Day70. 관찰에 대하여

대화가 잠시 끊기는 듯했지만, 오래지 않아 일흔 번째 질문이 나왔어.

질문한 아이는 작은 키에 가무잡잡한 피부를 갖고 있었지.

"할아버지, 저는 사소한 데 집착할 때가 많아요. 담대한 마음을 얻으려면 어떻게 하면 될까요?"

니체가 대답했어.

"담대한 마음은 높은 곳에 올라 관찰할 때 얻어져. 독수리처럼 높이 올라서 보면 모든 것이 저마다 일어나야 하는 대로 일어나고 있음을 알 수 있거든. 불완전한 것과 그에 따른 고통이, 바람직한 모든 것에서 비롯된다는 사실도 이해할 수 있지. 산 정상에서 내려다보는 세상과 지하에서 상상하는 세상이 다르듯, 전체를 보는 눈을 얻으면 작은 일에 집착하지 않을 수 있게 된단다."

Day71. **삶을 대하는 태도에 대하여**

"니체 할아버지, 저는 자려고 누우면 후회되는 게 많아요. 후회 없이 잠들려면 어떻게 해야 해요?"

일흔한 번째 아이가 물었어.

니체가 대답했어.

"매 순간 최선을 다하면 후회 없는 하루를 보낼 수 있게 돼. 지금 이 인생을 다시 한번 완전히 똑같이 살아도 좋다는 마음으로 사는 것, 이보다 더 잘 사는 방법은 없거든. 한순간도 소홀함 없이, 최선을 다해 오늘을 사는 거야."

Day72. 삶을 여행하는 법에 대하여

"무엇이든 열심히만 하면 되는 건가요?"
일흔두 번째 아이가 물었어.

니체는 대답했지.

"인생을 여행하듯 살라는 말이 있어. 그렇게 사는 사람은 여행지에서 관찰한 것을 체험하고, 그것을 체득해 집에 돌아오자마자 일상에서 발휘해. 관찰이 내적 체험으로, 내적 체험이 배움으로, 배움이 실천으로 이어지는 거야. 내가 말한 '최선을 다해서'란 이런 거야. 세상을 그저 구경이나 하거나, 구경의 대상이 되는 이들과는 다르게 사는 것이지."

Day73. 인생을 창조하는 것에 대하여

"할아버지 말씀대로라면 운명처럼 인생도 만들어 가는 거네요. 아닌가요?"

일흔세 번째 질문이 나왔어.

니체가 대답했어.

"맞아. 하지만 누구나 다 창조적인 삶을 살지는 못해."

"창조적인 삶은 어떤 건데요?"

"그건 어린아이가 알고 있단다. 나도 아이들에게서 배웠지. 어린아이들은 의도하거나 기대하지 않아. 창조를 통해 무언가를 얻으려 하지 않고, 힘들이지도 않아. 그들에게 창조란 놀이라서 실패도 성공도 없어. 그들이 하는 모든 행동은 기쁨이자 새로운 시작이 되지. 또한 온갖 재료로 삶을 창조하고, 그 재료로 만든 자신의 삶을 긍정한단다."

Day74. 인생에 대하여

 일흔네 번째 질문은 키가 크고 마른 체형의 십 대 중반의 아이가 했어.
 "할아버지, 인생을 한마디로 정의한다면 뭐라고 할 수 있을까요?"

니체가 대답했어.

"인생을 한마디로 정의하기란 어려워. 하지만 굳이 말하자면 자기 자신을 체험하는 과정이라 할 수 있지. 살면서 우리는 수많은 사건을 마주하고 많은 것을 경험하지만, 결국 이 모든 것은 생의 여러 단계를 거쳐 나 자신에게로 이어지거든."

Day75. 덕에 대하여

"생의 단계요? 그게 뭐예요?"
자연스럽게 일흔다섯 번째 질문이 이어졌어.

니체가 대답했어.

"인생에는 단계별로 경험해야 할 네 가지 최고의 '덕'이 있어. 덕이란 윤리적 이상을 향해 가는 인격적인 능력을 뜻하는데, 제1기에서는 용기가 가장 고귀한 덕으로 여겨지고, 2기에서는 정의가, 3기에서는 절제가, 4기에서는 지혜가 가장 고귀한 덕으로 여겨져. 우리는 이 각각의 단계에서 필요한 최고의 덕을 경험하고 다음 단계로 넘어가게 된단다."

Day76. 정신의 변화에 대하여

"크면서 몸이 변하듯 인생도 변화의 과정을 겪는다니 신기해요! 살면서 겪는 또 다른 변화가 있나요?"
일흔여섯 번째 아이가 물었어.

니체가 대답했어.

"그래. 몸이 변화하듯 정신도 세 단계의 변화 과정을 거쳐서 성장해. 첫 번째 변화에서 정신은 낙타가 돼. 낙타가 된 정신은 과도한 무게의 짐을 기꺼이 지는 강인함을 얻지. 두 번째 변화는 광막한 황야에서 이루어지는데, 여기서 정신은 사자가 되어 자유를 쟁취하고 황야의 지배자가 돼. 그리고 마지막 세 번째 변화에서는 정신이 어린아이가 된단다. 어린아이가 된 정신은 순수와 망각, 새로운 시작이자 놀이가 되어 거룩한 긍정인 본연의 모습으로 살아가게 된단다."

Day77· 최고의 선에 대하여

"우아, 굉장해요! 그걸 다 우리가 겪는다고요? 너무 어렵고 복잡해요!"

일흔일곱 번째 아이의 외침에 아이들은 웃음을 터트렸어.

니체가 웃으며 말했어.

"복잡해 보이지만 꼭 그렇지만은 않아. 결국은 최고의 선으로 향하는 길이니까."

"최고의 선이요?"

"그래, 최고의 선. 설명하자면 이래. 여기 완전한 삶을 염원하는 이가 있어. 그는 일어나야만 했던 여러 불행한 사건에도 도망치지 않고, 모든 것을 받아들여. 나아가 필연 자체를 사랑하지. 그에게 지켜야 할 최고의 선이란 운명을 사랑하는 일이야. 운명 앞에 좌절하지 않고 모든 것을 끌어안는 일이란다."

Day78. 중도에 대하여

"운명 앞에 좌절하지 않고 모든 것을 끌어안는다고요? 어떻게 그럴 수 있죠?"
일흔여덟 번째 아이가 물었어.

니체가 대답했어.

"그 질문에 대한 답은 '중도'에 있어. 중도란 있고 없음, 고통과 기쁨 등 두 가지 대립하는 것 사이에서 무엇에도 치우치지 않고 균형을 유지하는 것을 말한단다. 중도는 인간을 강하게 하고, 어느 정도의 운과 터무니없어 보이는 것을 인정하게 할 뿐만 아니라 그런 것들을 좋아하게 만들지. 인간을 낮은 관점에서 보더라도 그것 때문에 약해지거나 작아지지 않게 하고, 극도의 슬픔을 견디게 해서 결국에는 슬픔을 두려워하지 않게 해."

Day79. 살아야 할 삶에 대하여

"그렇군요. 인생이란 굉장하네요. 배울 게 정말 많아요. 삶에 관해 우리가 또 알아야 할 것이 있나요?"

일흔아홉 번째 아이가 물었어.

니체가 대답했어.

"우리가 살아야 할 삶이란 지혜로운 삶, 기쁨이 있는 삶, 현명한 삶이야. 이 중에서 기쁨이 있는 삶은 정말 중요해. 그런데 시간은 한정되어 있고, 시간이 한정되어 있기에 기회는 늘 '지금'일 수밖에 없어. 그러니 울부짖는 일 따윈 영화배우에게나 맡기고 우린 마음껏 웃어야 해. 되도록 혼자가 아닌 다른 누군가와 함께. 이해가 되었지?"

꽃 피는 아름다움

  숲은 커다란 호수를 품고 있었어.
  니체는 아이들과 함께 호숫가에 앉아서 물에 비친 구름을 구경했어.
  바람이 불자 잔잔했던 수면에 파문이 일며 한 덩이로 뭉쳐 있던 구름이 수천 개의 작은 조각으로 변했어.
  그 모습을 바라보며 니체가 말했어.

  "황금은 어떻게 최고의 가치를 얻게 되었을까?
  귀하고 쓰임새가 없으며, 은은한 빛을 내기 때문이 아닐까? 피어나는 모든 것은 그렇게 저마다 자신만의 가치를 지닌단다. 햇살에 반짝이는 저 물결처럼."

Day80. 자연에 대하여

"호수가 예뻐요, 할아버지! 숲도 그렇고요! 그래서 자연을 두고 아름답다고 말하나 봐요!"
여든 번째 아이가 감탄했어.

니체는 고개를 끄덕였어. 그러고는 이렇게 말했지.

"네 말처럼 사람들은 흔히 자연을 두고 아름답다고 말해. 자연재해가 있을 때는 가혹하다고 말하고, 때로는 자연이야말로 영원하다고 말하지. 하지만 자연은 우리의 상상과는 전혀 달라. 우리의 이해 너머에 존재하니까. 그래서 인간은 상상 속에서만 자연을 이해할 뿐, 전체를 알지 못해. 인간이라는 한계 안에서 꼭 그만큼의 자연을 알 뿐이지."

Day81. 동물에 대하여

"니체 할아버지, '자연'이라는 단어가 나와서 하는 말인데요, 저는 강아지가 우릴 보고 무슨 생각을 할지 궁금해요."

여든한 번째 아이가 말했어.

니체가 대답했어.

"아마도 이상하다고 생각할걸. '그저 하루하루 솔직하게 살아가면 되는데, 왜 저렇게 늘 괴로운 표정으로 여기저기 끌려다닐까?' 하면서. 인간성이네 도덕성이네, 먹을 수도 없는 걸 두고 고민하는 인간이 불쌍하게 보일지도 몰라. 설령 그것들을 먹을 수 있다고 해도 분명 맛없는 것으로 생각하면서!"

니체의 말은 아이들을 또 한 번 웃게 했어.

Day82. 몸에 대하여

잠시 후, 여든두 번째 질문이 이어졌어. 질문을 한 아이가 사는 나라 여성들은 밖에 나갈 때 얼굴까지 가리는 겉옷인 '부르카'를 착용해야 했어.

"우리나라 여자들은 왜 몸을 가리고 다녀야 해요? 여자 몸이 보이면 나쁜 거라는 말이 진짜예요?"

니체가 대답했어.

"몇몇 나라의 여성들이 몸을 가려야 하는 건 그릇된

종교적 신념이 만든 비극이야. 사실 인간의 몸은 남녀를 불문하고 위대한 이성을 지닌 개별적 존재인데도 우린 그걸 잘 몰라. 우리가 '정신'이라 부르고 떠받드는 것도, '자아'라 이름 짓고 자긍심을 느끼는 것도 몸보다 작은 이성에 지나지 않는데도 말이지. 몸은 자아보다 위대하고도 중요해. 몸은 큰 이성을 가졌으니까. 자아에 대해 말하지 않고 행동을 하거든."

Day83. 희망에 대하여

"할아버지, 저는 기후 변화에 관심이 많아요. 북극의 얼음이 녹아서 북극곰이 살 곳이 점점 없어진다고 하는데, 정말인가요? 우리에게 희망은 없나요?"
여든세 번째 아이가 물었어.

니체가 대답했어.
"희망은 여러 얼굴을 하고 있고, 어디에나 존재해. 하지만 희망이 곁에 있어도 자기 안의 빛을 경험하지 못한다면 그것이 희망임을 깨닫지 못해. 세상은 끝없이

움직이며 새롭게 생겨나는 그 무엇이야. 희망도 그래. 그래서 우린 어떤 순간에도 희망이 없다고 말할 수 없어. 내가 오늘 너희들의 질문 속에서 큰 희망을 본 것도, 바로 그래서야. 답은 늘 질문 안에 있으니까!"

"질문 안에 답이 있다고요?"

"그래. 뉴턴의 만유인력 법칙은 '사과가 왜 떨어질까?'라는 질문에서 비롯되었고, '시간은 왜 한 방향으로만 흘러갈까?'라는 질문에서 아인슈타인의 상대성이론이 나왔으니까. 질문 안에 답이 있던 거지."

아이들은 질문 속에 답이 들어 있다는 니체의 말이 왠지 마음에 들었어.

Day84. '왜?'라는 질문에 대하여

"할아버지, 우리 엄마는 제가 '왜?'라고 물어보면 싫어하세요. 왜 그럴까요?"

여든네 번째 아이가 물었어.

니체가 대답했어.

"'왜?'라는 질문은 사실 여러 의미를 가져. 화가 나서 떼쓰며 하는 '왜?'가 있고, 진짜 궁금해서 묻는 '왜?'도 있지. 더욱이 '왜?'에 대한 대답이 늘 주어지는 것도 아니야. 책을 읽거나 유명인들의 이야기를 들어도 자신의 '왜?'에 대한 근본적인 자각이 없으면 답을 얻을 수 없으니까."

Day85. 외모에 대하여

"니체 할아버지, 저는 못생긴 얼굴이 고민이에요. 애들이 자꾸 놀리거든요."

여든다섯 번째 아이가 말했어.

아이의 질문에 니체는 이렇게 대답했지.

"우리가 예쁘다고 말하는 기준은 뭘까? 이것에 대해 생각해 본 적 있니? 자연에는 형식이 없어. 기본적인 형태도 없고, 아름다움의 기준도, 추함의 기준도 없어. 그런데도 인간은 우리 또한 자연의 한 부분임을 잊고 미추의 기준을 정해. 그리고 그에 따라 판단하지."

Day86. 진정한 용기에 대하여

"니체 할아버지, 하지만 요즘은 애들이 외모에 관심이 정말 많아요. 할아버지가 잘 모르셔서 그래요."

여든여섯 번째 아이가 말했어.

많은 아이가 "맞아요!"라고 맞장구치며 니체에게로 시선을 돌렸지.

니체는 아이들을 돌아보며 말했어.

"외모에 관한 관심이 나쁜 건 아니지만 그 기준을 밖에 두어서는 안 돼. 하지만 그러려면 타인의 시선과 사회적 편견에 맞서는 용기가 필요하지. 그래야 더 큰 용기가 필요할 때 물러서지 않을 수 있거든"

"더 큰 용기요? 언제 그런 용기가 필요한데요?"

"진정으로 용감한 사람은 '꿈'이 신이 인간에게 준 최고의 선물이란 사실을 기억해. 그리고 자신의 꿈에 책임지려고 노력하지. 꿈을 무시한 채 자기 잘못에 책임질 줄만 아는 사람과는 달라."

Day87. 독창성에 대하여

 "꿈에 관한 이야기가 나와서 하는 말인데, 제 꿈은 예술가예요. 사진작가요. 사진작가가 되려면 독창적인 시각을 가져야 한다고 들었어요. 어떻게 하면 그런 시각을 가질 수 있죠?"
 여든일곱 번째 아이가 물었어.

니체가 대답했어.

"독창적인 사람이란 세상에 아주 없던 신기하거나 이상한 것을 만들어 내는 사람이 아니야. 모두가 질린 것, 낡았다는 이유로 이미 버려진 것, 너무 평범해서 누구도 눈길을 주지 않는 것들을 미래에서 온 것처럼 보고, 새롭게 느끼는 감성을 지닌 사람을 말하지. 그리고 그런 눈과 감성은 연습을 통해 얼마든지 얻을 수 있어."

Day88. 노력에 대하여

여든여덟 번째 아이가 고개를 갸웃거렸어.
아이가 물었어.
"그래도 저는 천재들이 부러워요. 재능이 있으면 뭘 잘할지 찾지 않아도 되고, 큰 노력 없이도 성공할 수 있으니까요. 아닌가요?"

니체가 대답했어.

"그렇지 않아. 아무리 뛰어나게 아름다운 빛깔의 원석이라도 다듬지 않으면 절대로 빛나는 보석이 될 수 없어. 마찬가지로 특출한 재능을 가졌어도 제대로 발휘하지 않으면 그 의미는 빛을 잃고 말아. 세공 과정을 거쳐 세상에 나오는 보석처럼, 재능도 그것을 발견하고 꾸준히 단련하는 노력 없이는 세상에 나올 수 없어."

Day89. 읽어야 할 책에 대하여

"저는 작가가 되는 게 꿈이에요. 작가가 되려면 책을 많이 읽어야 할 것 같아요. 좋은 책을 어떻게 알아볼 수 있는지 알려 주세요."

여든아홉 번째 아이가 말했어.

니체가 대답했지.

"좋은 책이란 마음을 정화하고 새로운 지혜와 용기를 주는 책이야. 새로운 세상으로 향한 문을 열어 주는 책. 읽기 전과 읽은 후의 세상을 완전히 달리 보이게 하는 책. 그런 책을 선택해 읽었다면 좋은 독서를 했다고 말할 수 있어."

Day90. 배움에 대하여

 곧이어 아흔 번째 질문이 이어졌어.
 "제 꿈은 유튜버예요. 학교에서 공부할 필요가 없지요. 그런데도 학교에 가서 선생님께 배워야 할 이유가 있을까요?"

니체가 대답했어.

"낚시꾼이 두 명 있어. 첫 번째 낚시꾼은 탁하고 얕은 물에서 물고기를 낚고, 두 번째 낚시꾼은 맑고 깊은 물에서 물고기를 낚아. 그 둘의 차이가 뭘까? 첫 번째 물에서 낚는 물고기가 경험한 세상과 두 번째 물에서 낚은 물고기가 경험한 세상이 같을까? 네가 던진 낚싯바늘이 얕은 개울에서 만나는 세상과 깊은 바다에서 만나는 세상이 과연 같을까? 배움은 너를 더욱 맑고 깊은 물속으로 데려가는, 보이지 않는 길과 같아. 그래서 굳이 마다할 필요가 없어. 결국에는 이해의 폭이 달라지니까."

Day 91. 소망에 대하여

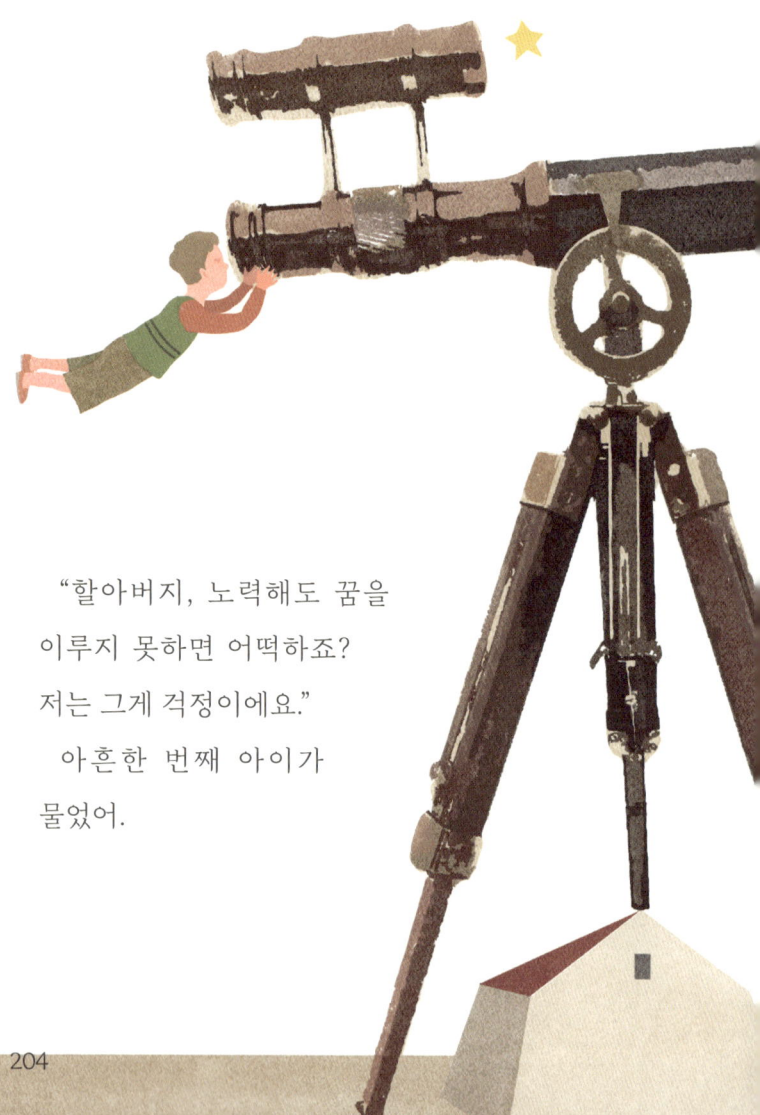

"할아버지, 노력해도 꿈을 이루지 못하면 어떡하죠? 저는 그게 걱정이에요."
아흔한 번째 아이가 물었어.

니체가 대답했어.

"진정으로 바란다면 이루어질 거야. 다만 모든 꿈이 노력, 고통, 궁핍, 실망, 극복이라는 고난 끝에 이루어진다는 사실을 잊지 말아야 하겠지. 수천 광년의 어둠을 뚫고 별빛이 네게 도착하듯이, 꿈이든, 소망이든 실현되기 전까지는 긴 어둠의 시간을 지나야만 해."

Day92. 기다림에 대하여

"니체 할아버지, 저는 끝맺음을 잘 못해요. 시작은 늘 좋지만, 결말은 흐지부지될 때가 많아요. 아무리 노력해도 그래요."

아흔두 번째 아이가 시무룩한 얼굴로 말했어.

니체가 대답했어.

"재능이나 기량을 충분히 갖추고 있어도 일을 완성하지 못하는 사람이 있어. 시간을 믿고 완성을 기다리지 못하는 사람이 바로 그들이지. 그들은 시간에 의한 숙성을 믿지 못해. 그래서 끊임없이 걸어가는 인내심이 부족해지지. 어쩌면 너도 그럴지 몰라. 그러니까 뭐든 시작했다가 흐지부지되면, 그때는 시간에 의한 숙성이 필요한 때라고 믿어 봐. 그러면 미리 실망하거나 포기하지 않을 수 있어."

Day93. 아직 오지 않은 것에 대하여

 "실현 가능성이 없어 보이는 큰 꿈은요? 그런 꿈도 계속 꿀 이유가 있을까요? 예를 들어 저는 우주인이 되고 싶어요."

 아흔세 번째 아이가 물었어.

니체가 대답했어.

"가장 멀리 떨어진 별의 빛이 가장 늦게 도착하는 법. 인간은 그 별빛이 도착하기 전에는 그곳에 별이 있다는 사실도 모른단다. 알아도 곧잘 부정하고 말지. 그러곤 별빛이 어둡고 긴 우주 공간을 얼마나 오래 달려왔는지조차 잊어버려. 꿈을 꾼다는 것도 그래. 우린 종종 꿈을 이루는 순간만 중요하게 생각해. 꾸어도 좋은 꿈이란, 어둡고 긴 우주 공간을 오래 달리면서도 빛을 잃지 않는 별처럼 꿈을 향해 나아가는 동안 기쁨을 잃지 않을 만한 꿈이란다."

Day94. 영웅에 대하여

"할아버지는 우리 모두의 내면에 영웅이 살고 있다고 하셨어요. 저는 할아버지가 어떤 사람을 영웅이라고 생각하시는지 궁금해요."

아흔네 번째 아이가 말했어.

니체가 대답했어.

"내가 생각하는 영웅이란 극도의 고통 속에서 최고의 희망을 향해 나아가는 사람이야. 그런 사람은 고통에 처했을 때도 기뻐해. 영웅이 되어 '나'라는 신화를 써 나갈 가장 좋은 조건이 마련된 셈이니까. 하지만 처음부터 영웅인 사람은 없어. 우린 모두 자기 안의 작은 영웅을 깨워 진정한 영웅이 되어 가는 과정에 있거든."

Day95. 헌신에 대하여

"저는 마더 테레사 수녀님을 존경해요. 인류에 헌신한 분이니까요. 저도 그런 사람이 될 수 있을까요?"

아흔다섯 번째 아이가 물었어.

니체가 대답했어.

"물론이지. 너도 인류에 헌신하는 사람이 될 수 있어. 비단 자선이나 도덕적 행동만이 헌신은 아니란다. 다른 사람을 배려하는 진심 어린 행동은 모두 헌신이라고 할 수 있지. 인류에 헌신한 이들은 바로 그런 마음으로 타인과 세상을 대했어. 거짓 없이, 진실하게 나 자신과 한 사람 한 사람을 대했지. 그래서 그들이 걸어간 길이 아름답게 느껴지는 거야."

Day96. 어른스러움에 대하여

"저는 어른스러운 사람이 되고 싶어요. 친구들과 이야기를 하다가 보면 다들 저보다 어른스럽다는 생각이 들거든요."

아흔여섯 번째 아이가 말했어.

니체가 대답했어.

"어른스러운 사람이 되고 싶다면 어떤 사람이 어른스러운지를 먼저 생각해 보아야 해. 이건 내 생각이지만, 나는 영혼이 성숙한 사람이 어른스럽다고 생각하거든. 그럼 영혼이 성숙한 사람은 어떤 사람일까? 다른 누구보다도 높이 나는 그런 사람? 아니야. 영혼이 성숙한 사람은 너무 높이 오르지도, 너무 낮게 내려가지도 않고 언제나 자유롭게 주변 사람들과 같은 높이로 날아. 그는 모든 이분법적인 사고의 틀을 벗어나 있고, 그물에 걸리지 않는 물처럼 늘 자유로워. 그리고 무색무취의 공기처럼 투명해서 무엇에도 걸림이 없지."

Day97. 세상에 대하여

"아침에 자기 자신에 관해 말할 때, 할아버진 인간이 극복되어야 할 존재라고 말씀하셨어요. 한계를 뛰어넘어야 한다고요. 하지만 세상은 한계로 가득해요. 그것들을 모두 어떻게 극복하죠?"

아흔일곱 번째 아이가 물었어.

무리 중 나이가 가장 많은 아이였지.

니체가 대답했어.

"세상이 한계로 가득한 게 아니라 한계 안에 자기 자신을 가두는 이들이 있을 뿐이야. 세상은 우리가 '나'라는 꽃을 피울 수 있도록 제공된 무대이지, 우리를 가두는 한계가 아니란다. 연꽃은 진흙탕 속에서도 아름다운 꽃을 피워. 그처럼 한계가 없는 사람은 좁은 상자 안에서도 자유로워. 자신을 꽃피울 자리가 더럽다고 다른 세상을 꿈꾸거나 도망치지 않아."

Day98. 가치를 결정짓는 요인에 대하여

"니체 할아버지, 저는 구슬 모으기가 취미예요. 그런데 부모님은 쓸데없는 걸 모으고 있다고 버리라고 하세요. 제 구슬들은 정말 아무 가치가 없나요?"

아흔여덟 번째 아이가 물었어.

니체가 대답했어.

"세상의 무엇도 처음부터 그 자체로 가치를 지니지는 않아. 누군가가 그것을 유용하게 활용하는 순간, 적어도 그에게만큼은 가치가 발생하는 것이지. 물론 가치를 결정짓게 하는 요인이 활용도만은 아니야. 취향이나 감각 또한 사물의 가치를 결정짓는 요인이 되니까. 다른 사람이 가치 없게 여기는 것들이 내게는 가치 있게 여겨지는 이유란다. 가치의 있고 없음은 절대적이지 않고 상대적이거든. 네 구슬이 적어도 너에게는 가치 있는 이유야."

Day99. 휴식에 대하여

"니체 할아버지, 저는 가끔 아무것도 하기 싫을 때가 있어요. 그럴 때는 어떻게 해야 해요?"
아흔아홉 번째 아이가 물었어.

니체가 대답했어.

"그럴 때는 다른 무엇보다도 좋은 음식을 먹고, 휴식을 취하고, 깊이 자야 해. 평소보다 훨씬 많이 자고 일어나면 새로운 기운으로 충만해진, 이전과는 다른 자신을 발견하게 되거든. 바람도 불기 전에는 나무 뒤에서 충분한 휴식을 취한단다."

딱새의 울음소리가 저녁을 알렸어.

니체는 아이들과 정원으로 돌아갔어.

그리고 정원에서 난 채소로 맛 좋은 식사를 만들어 다 함께 나눠 먹었어.

그런 뒤 니체가 아이들을 둘러보며 말했어.

"나는 너희들이 인생을 여행하며 부딪칠 여러 어려움으로부터 언제고 자유롭길 바라. 지금 너희들을 옭아매는 문제들로부터도 자유롭길 바라고. 그래서 우리가 여기에 모인 거니까!"

Day100. 자유에 대하여

"자유요? 자유를 얻으면 뭐가 좋은데요?"
백 번째 아이가 물었어.

니체가 대답했어.

"자유를 얻으면 자기 자신이 더는 부끄럽지 않게 되어 좋지! 타인의 시선과 판단, 내가 나를 보는 시선과 판단에 어떤 영향도 받지 않게 되니까. 선과 악, 성공과 실패, 기쁨과 슬픔, 절망과 희망은 여전히 존재하겠지만, 나 자신은 어떤 것에도 흔들리지 않게 되거든. 생각만으로도 가슴 뛰는 일이지. 그렇지?"

에필로그

이튿날 새벽, 니체는 아이들과 포옹했어.

이제 집으로 돌아갈 시간이었어.

백 번의 작별 인사를 끝으로 마지막 아이마저 시야에서 사라지자, 그는 문을 닫고 정원으로 돌아갔어.

딱정벌레가 물었어.

"아이들은 이제 어떤 길을 걷게 될까요?"

니체가 대답했어.

"자기만의 별을 찾는 길을 걷게 되겠지. 때로는 바람 부는 언덕을, 때로는 굽이치는 파도 위를, 때로는 비 내리는 들판을. 그러고는 알게 될 거야. 찾아왔던 별이 이미 자기 안에 있었음을. 그 빛에 의지해 인생이라는 사막을 건넜음을."

아침이 오고 있었어.

아이들은 니체와의 대화를 떠올리며 집을 향해 걸음을 재촉했어.

각자 가방 안에 질문으로 얻은 답을 넣고서, 올 때와 같은, 그러나 이전과는 다른 길을 걸으며 놀라워했지.

아이들이 노래했어.

니체 할아버지는 누구도 걷지 않은 길을
걸으라고 말씀하셨어.
걸음을 멈추지 말라고도 하셨어.
그래서 지금 우리가 여기에 와 있다고.
앞으로 우린 또 어떤 여행을 하게 될까.
니체 할아버지는 말씀하셨어.
우리가 걸어야 할 사막은 넓고 넓지만,
그 넓은 사막이
곧 우리가 뛰어놀아야 할 놀이터라고.
놀이터는 넓으면 넓을수록 좋다고!

"놀이터는 넓으면 넓을수록 좋다.
가장 빛나는 답은
가장 빛나는 질문을 던진
사람만이 얻을 수 있다."

작고 아름다운 수업에 초대합니다.

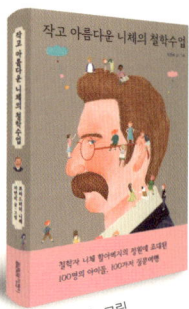

지연리 글·그림

지연리 글·그림

김미진 글·그림 르누아르 그림